**HANS JÜRGEN PRESS**

Né en 1926,
il a accompli à Hambourg une très longue carrière
d'écrivain et de dessinateur de presse.
À partir de 1964, il a également consacré
son talent de caricaturiste à l'écriture
et à l'illustration de livres pour enfants.
Ses enquêtes sont devenues des classiques,
vendus à des centaines de milliers d'exemplaires.
Hans Jürgen Press est décédé en 2004.
Son fils Julian s'est chargé de la relecture
et de l'édition de cet ouvrage.

Du même auteur
*Les Enquêtes de la Main noire*

Éditeur : François Martin
Maquette : Christelle Grossin

Titre original :
*Rätselspass für Spürnasen*

ISBN 978-2-7427-7571-2

*Loi 49-956 du 16 juillet 1949*
*sur les publications destinées à la jeunesse.*

# 75 ÉNIGMES
# POUR FINS LIMIERS

Écrit et illustré par
HANS JÜRGEN PRESS

Traduit et adapté de l'allemand par
ISABELLE LIBER

*ACTES SUD JUNIOR*

1

# QUI VEUT JOUER À CACHE-CACHE ?

Léa, Louis et leur chien Bolduc sont allés se promener au château de la Reinette, d'où on a une vue merveilleuse sur la région. Mais quelle surprise ! À l'autre bout de la longue-vue, Louis découvre une petite souris téméraire. Ce n'est d'ailleurs pas le seul animal qui s'est glissé dans cette image.

QUESTION

Quel est l'autre animal caché dans l'image ?

# 2

# BONNE NUIT TOUT LE MONDE !

Le soleil se couche. M. Bœuf rentre d'une longue promenade avec ses enfants. Avant le dîner, le fermier doit vérifier que tous les animaux sont bien installés pour la nuit.
Pour l'aider, relie par une flèche chaque numéro (correspondant à un lieu dans l'image) au nom de l'animal qui viendra y dormir.

| | |
|---|---|
| 1 | renard |
| 2 | chevaux |
| 3 | pivert |
| 4 | cochons |
| 5 | moutons |
| 6 | pigeons |
| 7 | étourneaux |
| 8 | écureuil |
| 9 | chien |
| 10 | poules |

**–QUESTION–**
Qui dort où ?

1
2
3
4
5
6
7
8
9
10
avoine

# 3

# BALADE GOURMANDE

Oncle Samuel et Tante Juliette passent le week-end chez des amis qui habitent à la campagne, près d'un vieux moulin.
Douze objets se sont glissés dans l'image. Cherche-les et inscris leur nom dans la grille ci-dessous, en face du numéro correspondant.
Dans la colonne marquée en gras, tu découvriras l'endroit que Samuel, Juliette et leurs enfants ont visité en chemin. Tu pourras alors deviner ce qu'ils rapportent à leurs amis…

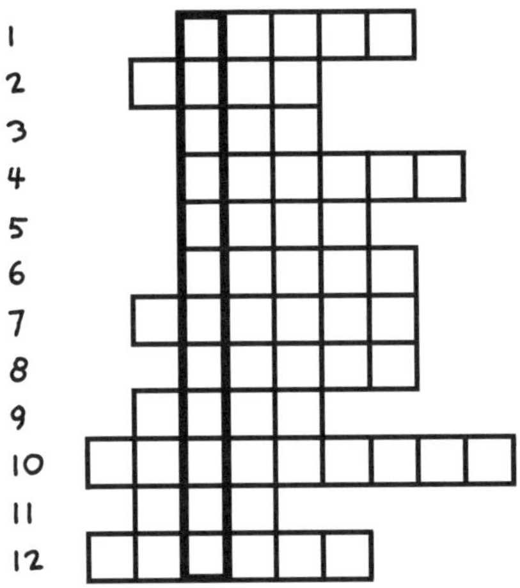


## QUESTION

Où se sont arrêtés Juliette, Samuel et leurs enfants ?

. . . . . . . . . . . . . . . . . . . . . . . . . . . . . . . . . . . . . . . .

Chez
Charlie

4

# L'HEURE DU GOÛTER

Max et Florian jouaient dans le jardin quand leur avion s'est pris dans les branches du cerisier voisin. Sans hésiter, Max grimpe dans l'arbre pour le récupérer et, en même temps, il en profite pour faire sa cueillette. Mais attention ! Voici le voisin avec son chien…
Observe attentivement la scène et tu remarqueras que trois détails indispensables ont disparu. Tu les retrouveras parmi les vignettes représentées sous l'image. En combinant les syllabes de ces trois cases, tu sauras ce que le voisin de Max et Florian leur propose de faire. À leur grande surprise...

QUESTION

Que propose le voisin à Max et Florian ?

1901

SE
PI
MOU
FEU
CAR
DÉ
PER
PAR
CLA
MAI
DA
FOU
TÉ
NON
CHO
TIS
VER
LA

5

# TÊTES EN L'AIR

Matthieu Péloche, le photographe de plage, demande de l'aide à son ami Gustave Sanboué, le maître nageur :
– Ce matin, j'ai pris ces trois photos sur la plage, mais personne n'est venu les chercher !
Ensemble, les deux amis tentent de retrouver les vacanciers qui se sont fait photographier et ont oublié de venir retirer leurs clichés.

QUESTION

Où se trouvent ces clients distraits ?

6

# DES TOUTOUS PARTOUT

Léonard et Catherine sont très malheureux. Leur chien Patachon s'est enfui. Ils se rendent donc au refuge pour animaux de leur ville, dans l'espoir d'y retrouver leur ami à quatre pattes. À l'entrée, ils montrent au gardien, M. Bernard, une photo de Patachon.

– Mais oui, s'écrie M. Bernard après avoir bien observé la photo, ce chien est ici !

Il ne vous reste plus qu'à le retrouver…

QUESTION

Où se trouve Patachon ?

REFUGE
wärter

7

# AVIS DE RECHERCHE

Mme Michel n'est pas très contente : au lieu de faire ses devoirs, son fils est sorti jouer dehors sans sa permission.

– Qui a vu Théo ? demande-t-elle aux enfants qui font de la luge.

Les petits garnements savent bien où leur ami se cache, mais ils ne vont quand même pas le dénoncer !

QUESTION

Où se cache Théo ?

8

# LE PERROQUET ÉCHAPPÉ

Sarah et Pablo n'en croient pas leurs yeux : un perroquet vient de se poser sur le rebord de la fenêtre. Il semble vouloir leur dire quelque chose.

– À qui peut-il bien appartenir ? demande Sarah.

– J'ai une idée ! s'écrie Pablo. Peut-être est-il en train de nous dire le nom de son propriétaire et son adresse ? Remettons les syllabes dans l'ordre !

QUESTION

À qui appartient le perroquet ?

Hugo
5
3
MODE
1
ça ne fait pas un pli :
Le meilleur de la mode est ici !
BAR
Roset
3
Anne Mélan
1
Fleurs
7
Ruelle Rouge
Annie Lesage
Napperons
BÉA est bête
Rue du chat
Passage Napoléon
Rue Bretonne
Mélanie Anon
25
TABAC
Chez
Carmen et Juan
23
Olé !
Restaurant espagnol
Mme Irma
Voyante, médium
Sagesses en tous genres
Passage
Rue du Méandre
BAZAR
37
Hélène Napoli
Paul Podelet
35
POISSON
frais et pané
GLACES
Blanche Brun

9

# CONVERSATION SANS FIN

Cela fait déjà une demi-heure que le petit Julien est dans la cabine téléphonique. Il a l'air d'être en grande conversation avec un ami. Dehors, Mme Dutilleul attend patiemment son tour, tandis que son chien Billy, qui déteste faire la queue, jette des regards noirs au petit bavard.
Tout semble normal et pourtant : il y a quelque chose qui cloche dans cette image !

QUESTION

Où est l'erreur dans l'image ?

10

# UN VOLEUR DANS LE POTAGER

– Tu crois que ce bonhomme a quelque chose à voir avec le vol qui a été commis dans la maison de Mme Mélusine ? demande Jérémie à sa petite sœur.

Cela fait déjà plusieurs jours qu'Éva et Jérémie observent depuis leur pommier un suspect qui se promène parmi les maisonnettes. L'homme a tracé de drôles d'étoiles à quatre emplacements différents. Pour Éva et Jérémie, cela ne fait aucun doute : ces signes doivent avoir un rapport avec le vol qui a été commis.

Jérémie réfléchit. Ça y est ! Il sait où le voleur a caché le butin dérobé à Mme Mélusine.

Trace deux lignes en reliant les étoiles deux à deux. Le point d'intersection des deux lignes te révélera la cachette du voleur.

## QUESTION

Qu'a-t-on volé à Mme Mélusine ?

Mon p'tit chez moi!
des pissenlits

11

# UN PANIER PLEIN COMME UN ŒUF

Le lundi de Pâques, les enfants du village se retrouvent dans le parc du château abandonné pour y chercher des œufs en chocolat. Mais tout à coup, c'est la panique ! Le panier qui contenait leur trésor a disparu. Anaïs l'avait déposé sur une pierre, et il n'y est plus !

QUESTION

Qui a volé le panier ?

12

# L'ENVERS DU DÉCOR

Hugues Legrand est un acteur célèbre. Dans son dernier film, il joue le rôle d'un industriel des années 1920 qui fit fortune aux Pays-Bas. Pour les besoins du tournage, on a même reconstruit un vieux moulin typique de la région. Mais le décor est loin d'être authentique...
Regarde bien l'image et tu verras que la construction de l'édifice laisse à désirer.

QUESTION

Quelle erreur remarques-tu ici ?

ZT 361

13

# CHACUN CHERCHE SON CHAT

Jules et Marie passent leurs vacances chez leurs grands-parents, à la ferme. Pour pouvoir enfin lire son journal tranquillement, Grand-Père Jean leur a donné une mission : trouver dans ce qui les entoure tous les mots qui contiennent le son “ch”. Peux-tu les aider ?

## QUESTION

Quels mots contiennent le son "ch" ?

................................................................................................

14

# CAPHARNAÜM CARNAVALESQUE

Pour le carnaval, un grand bal masqué a été organisé dans la salle des fêtes. Mais au cours de la soirée, treize objets représentés ci-dessous ont été égarés. À toi de les retrouver !

## QUESTION

Où se trouvent les objets perdus ?

boissons fraîches
coin
des gourmands

15

# FIRMIN PREND LE GRAND AIR

L'oncle Firmin est un drôle de bonhomme : il porte un chapeau melon, arbore de grandes moustaches et ne se déplace qu'au volant de sa vieille Ford Bugatti décapotable. Bizarre, l'oncle Firmin ? Pas plus que la ferme où il a l'habitude de venir prendre l'air le week-end… Regarde bien : dix détails anormaux se sont glissés dans l'image.

QUESTION

As-tu trouvé les dix erreurs ?

1864
AR 229 BD

16

# UN PETIT AIR DE PRINTEMPS

– Hourra ! Le printemps est là ! crient en chœur les élèves du CM1.
Leur instituteur leur a promis une promenade en forêt dès l'arrivée des beaux jours.
Pendant l'excursion, les enfants tendent l'oreille. Dans les fourrés, les branchages, les buissons, on entend des grattements, des grognements, des sifflements. La chaleur du soleil incite les animaux à sortir de leur cachette. Les enfants reconnaissent alors dix animaux qu'on ne voit pas en forêt pendant la période hivernale, soit parce qu'ils hibernent, soit parce qu'ils passent la saison froide au soleil.

QUESTION

Quels sont les dix animaux qui annoncent le printemps ?

coucou !

17

# ALEXANDRE LE GRAND !

Alexandre fête son anniversaire avec Sébastien, Amélie et Charlotte. Les deux photos que tu vois sur la droite ont été prises à deux heures d'intervalle. En les regardant attentivement, tu reconnaîtras celle qui a été prise en premier.

QUESTION

Quelle photo a été prise en premier ?

18

# LES SECRETS D'UNE VIEILLE DEMEURE

Félix a trouvé un vieux livre dans la bibliothèque de son oncle Benjamin. En le feuilletant, il découvre un passage qui fait référence à un trésor et à une vieille cachette existant dans la maison.
Félix réfléchit un long moment avant de comprendre : les premières lettres des objets représentés sous la grande image lui indiquent où se trouve la cachette !

## QUESTION

Où Félix trouvera-t-il un trésor ?

19

# CHACUN SON CHEMIN

M. Roux, de la ferme des Tilleuls, et M. Brun, de la ferme des Sapins, sont voisins depuis toujours. Tous les matins, les deux amis apportent à la ville le lait de leurs vaches. Et chaque jour, ils se retrouvent à l'intersection de leurs chemins, puis continuent la route ensemble, chacun dans sa charrette.

QUESTION

Quel est l'attelage qui vient de la ferme des Tilleuls ?
Quel est celui qui vient de la ferme des Sapins ?

Ferme
des Tilleuls
Ferme
des Sapins

## 20

# BONS BAISERS DES ALPAGES

Pour les vacances, la famille Bonpied a loué un petit chalet dans les alpages. M. Bonpied a prévu chaque jour une nouvelle randonnée pour découvrir les montagnes environnantes et observer la faune sauvage. Les voilà de retour d'une de leurs excursions.
Regarde attentivement l'image et tu découvriras un invité inattendu au chalet des Bonpied.

### QUESTION

Quel animal se cache dans l'illustration ?

21

# DU PAREIL AU MÊME

Ce week-end, Joseph et Quentin sont partis camper au bord d'un lac, tout près de chez eux. Pendant ce temps, Rose Fleury reçoit la visite de son petit-fils Basile. Il est venu avec tous ses amis.
Regarde bien les deux images et tu trouveras sept détails qui figurent sur l'illustration du haut comme sur celle du bas.

QUESTION

Quels sont les sept détails communs aux deux images ?

4

6
4

22

## SUR LA PLAGE D'AMSTRAMGRAM

Marius le marin regarde d'un air songeur les deux canots empilés sur le sable. Avant de mettre l'un des deux à l'eau pour une promenade en mer, il doit savoir quel est le canot le plus grand.

QUESTION

Quel est le canot le plus long ?

23

# DANS LE PORT D'AMSTRAMGRAM

Jonas, le vieux matelot, se promène sur les quais avec ses petits-enfants. Les bateaux de pêche viennent juste de rentrer au port. Mais la journée n'a pas dû être très bonne, puisqu'ils ne voient pas un seul poisson.
Au lieu de cela, c'est un autre animal qui se cache dans l'image.

Amstramgram / le port

QUESTION

Quel animal as-tu découvert ?

24

# 13, RUE DU SORT

Avant de partir à l'école, comme tous les matins à sept heures, Merlin regarde son petit chat Méphisto descendre l'escalier du perron. Et comme tous les matins, le petit garçon tente de compter les marches de l'escalier.

## QUESTION

Combien de marches a l'escalier de la maison n° 13 ?

25

# PARTIE DE CARTES

Depuis son premier séjour en Bavière, il y a bien longtemps, Léon Lepic a pris l'habitude de revenir chaque année rendre visite à son correspondant de l'époque. À cette occasion, les deux amis ne manquent pas de faire une partie de cartes dans une taverne, avec un autre ancien camarade. Mais cette fois-ci, le troisième membre de l'équipe est malade. Heureusement, un client du café est d'accord pour le remplacer.
Si tu regardes attentivement l'image, tu verras cependant que la partie de cartes semble bien compromise. Le nouveau venu n'a apparemment jamais joué aux cartes !

## QUESTION

Quel est le joueur inexpérimenté ? Pourquoi ?

26

# JAMAIS DEUX SANS TROIS

Le célèbre pianiste Hubert Dunez donne aujourd'hui un grand concert à l'Opéra. Mais la soirée s'annonce bien mal ! Pour commencer, le couvercle du piano à queue s'est rabattu sur le nez du pianiste pendant la répétition et l'a affreusement blessé. Ensuite, l'instrument a dû être remplacé d'urgence. Et notre musicien se retrouve donc forcé de jouer sur un piano dont il n'a pas l'habitude. Enfin, un détail primordial n'a pas été pris en compte pour l'aménagement de la scène. Bref, le succès de l'artiste est bien compromis…

## QUESTION

Quelle est la troisième catastrophe prévisible pour Hubert Dunez ?

27

# UN ÉLÉPHANT, ÇA TROMPE ÉNORMÉMENT

Rémi Thomann raconte à un ami le magnifique voyage qu'il a fait en Inde. Il est particulièrement fier de lui montrer une photo sur laquelle on le voit à dos d'éléphant. Son ami regarde attentivement la photo et se rend vite compte que Rémi Thomann n'a pas dit la vérité !

QUESTION

À quoi voit-on que Rémi Thomann a menti ?

## 28

# BAS LES MASQUES !

Le défilé du carnaval a commencé : les chars bariolés traversent la ville au milieu des habitants déguisés. Ceux-ci ont rivalisé d'imagination pour remporter le concours du plus beau costume. Les dix finalistes sont signalés dans l'image par des numéros.
Écris le nom de leur costume dans les cases ci-dessous. Tu découvriras le vainqueur dans la colonne marquée en gras.

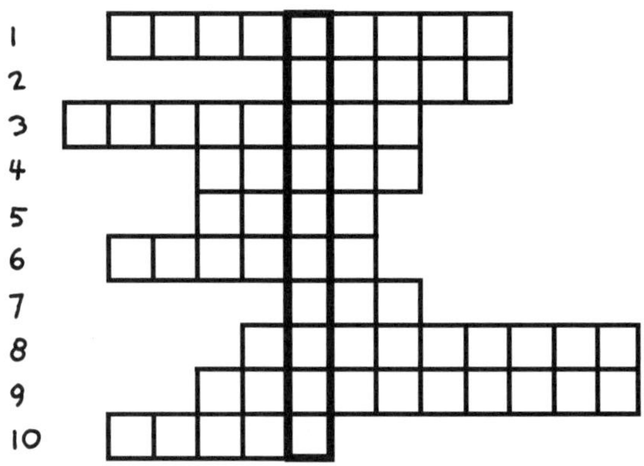


### QUESTION

Qui a remporté le concours du plus beau costume ?

. . . . . . . . . . . . . . . . . . . . . . . . . . . . . . . . . . . . . . . . . . . . . . . .

ABC
Le mercredi, c'est permis
AUJOURD'HUI BAL jusqu'au bout de la nuit
1
2
3
4
5
6
7
8
9
10

29

# VOUS REPRENDREZ BIEN UNE TASSE DE THÉ ?

Tous les dimanches après-midi, les jumelles Betty et Lisa Péronnelle prennent le thé en dégustant de délicieux petits gâteaux. Pour l'occasion, elles sortent toujours du buffet les couverts en argent gravés à leurs initiales. Avec les années, les cuillères se sont usées.
Regarde bien les deux illustrations : tu devrais pouvoir deviner qui est Betty et qui est Lisa !

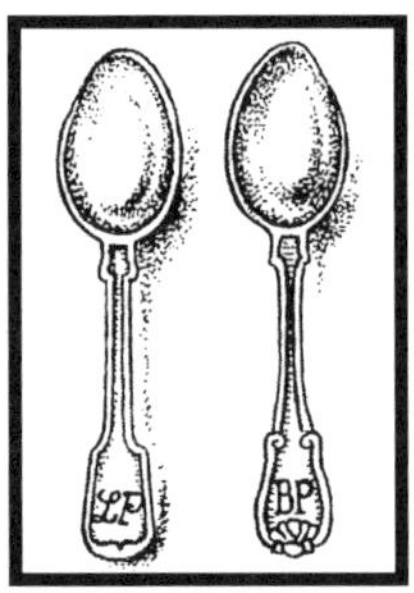


QUESTION

Qui est Betty ? Qui est Lisa ?

30

# RIEN NE VA PLUS !

Pour son anniversaire, Hugo a invité ses amis à se déguiser. L'ambiance est à la fête. Les enfants sont tellement excités qu'ils ne remarquent pas douze détails très étranges.
Parviendras-tu à les retrouver dans l'image ?

**QUESTION**

Quels sont ces douze détails insolites ?

.............................................

Aujourd'hui
GRANDE FÊTE
DÉGUISÉE
pour l'anniversaire
d'Hugo

31

# L'ÉCOLE EST FINIE !

C'est le dernier jour d'école avant les vacances de Noël. Tous les élèves se sont déguisés pour la grande fête. Sous son costume de clown, l'institutrice est méconnaissable !
En regardant attentivement l'image, tu découvriras dix objets numérotés. Reporte leur nom dans les cases ci-dessous et tu découvriras le prénom de l'institutrice.

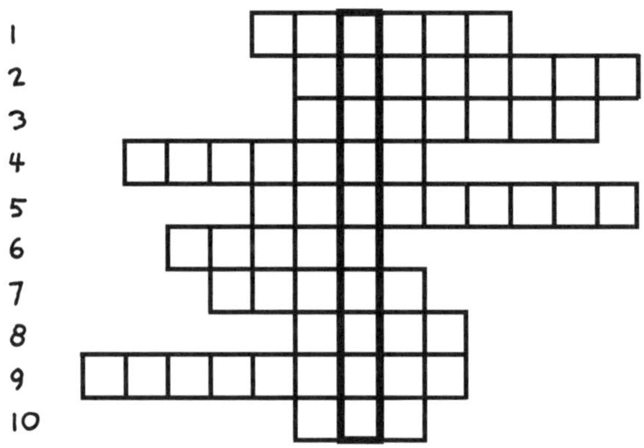


QUESTION

Comment s'appelle l'institutrice ?

.....................................................................................

Fête
de classse
École

32

# TERRE !

Après de longues semaines passées en pleine mer, le capitaine Roulis et son équipage approchent enfin des côtes. Curieux de découvrir de nouvelles contrées, le capitaine scrute l'horizon dans sa longue-vue.
Regarde bien, toi aussi, cette scène : il semble que le dessinateur n'a pas très bien fait son travail, qu'il manque une corde à son arc...

## QUESTION

Quelle erreur s'est glissée dans l'illustration ?

. . . . . . . . . . . . . . . . . . . . . . . . . . . . . . . . . . . . . . . . . . . . . . . . . . . . . . . . . . . . . . . . . . . . . . . .

33

# AVIS DE TEMPÊTE !

Sur cette gravure ancienne, on voit le capitaine Colombier étudier sa route à la lueur d'une lanterne. La mer est très agitée et le pauvre capitaine peine à lire sa carte sous la lumière qui tangue. Mais en dépit de tous ces éléments réalistes, l'artiste qui a réalisé la gravure a commis une erreur grossière en représentant la cabine.

## QUESTION

Quel est l'objet incongru dans la cabine de l'officier ?

34

# EXTINCTION DES FEUX

Voilà l'électricien bien embêté ! Il a réparé toutes les enseignes lumineuses qui étaient défectueuses. Mais il doit maintenant les remettre à la bonne place.
Aide-le à reconstituer les enseignes des différents magasins.

## QUESTION

Quels sont les neuf enseignes lumineuses que l'électricien a réparées ?

. . . . . . . . . . . . . . . . . . . . . . . . . . . . . . . . . . . . . . . . . . . . . . . . . . . . . . . . . . . . . . . . . . . .

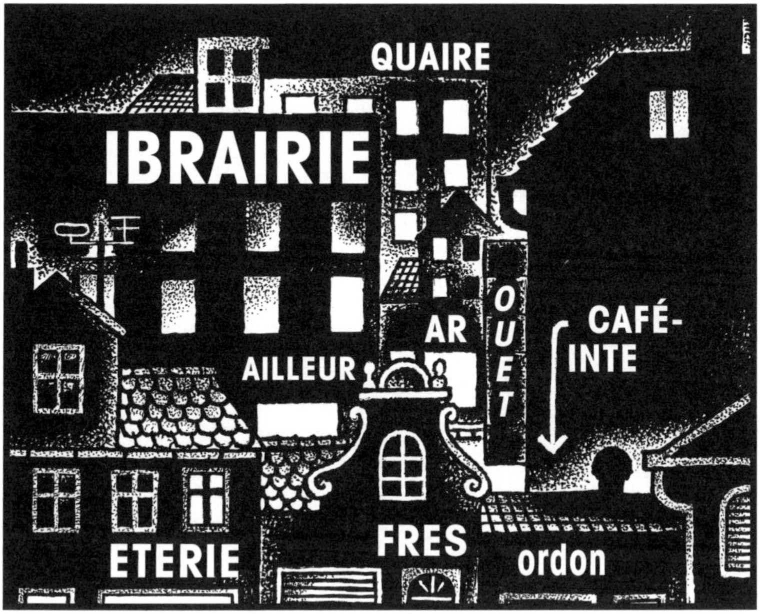
QUAIRE
IBRAIRIE
AR
OUET
CAFÉ-
INTE
AILLEUR
ETERIE
FRES
ordon

PAP
GAU
T
c
nier
J
S
L
RNET
B
ANTI

35

# DES LUMIÈRES DANS LA NUIT

La nuit est tombée : on ne distingue plus dans l'obscurité que des contours et les lumières qui brillent.
Regarde les objets représentés à droite et cherche les images auxquelles ils correspondent. Reporte une lettre par numéro et tu trouveras le mot mystère !

1
2
3
4
5
6
7
8
9
10

QUESTION

Quel est le mot mystère ?

........................................................................................................................................

TRAVAUX
1
2
3
4
5
6
7
8
9
10
D
A
M
A
R
L
E
I
P
A

36

# SILENCE DANS LA SALLE !

Sous le grand chapiteau, la tension est à son comble : c'est l'heure du numéro de Manuel Picador, le célèbre lanceur de couteaux. Les projecteurs sont braqués sur la piste, les spectateurs retiennent leur souffle. Roulements de tambour !...
Le numéro de Manuel est parfaitement rodé. Et pourtant... son assistante, Ursula Sanfroi, ferait bien aujourd'hui de s'inquiéter. Pourquoi ?

QUESTION

Qu'est-ce qui te paraît anormal dans cette scène ?

37

# CHARLIE RADOTEUR

Olivia regarde Charlie, son perroquet, avec étonnement. Installé dans sa cage, il répète sans cesse les mêmes mots. Olivia l'écoute et se demande s'il dit vraiment la vérité.

QUESTION

Olivia peut-elle croire son perroquet ?

38

# HISTOIRE LOUCHE

C'est le crépuscule. Tout est calme autour de la ferme. Peu à peu, les animaux nocturnes se réveillent et sortent de leurs cachettes, comme cette chouette, qui se prépare à chasser.
Mais il semble que le dessinateur n'ait pas correctement fait son travail...

QUESTION

Qu'est-ce qui est représenté ici de manière incorrecte ?

39

# LE VOYAGE DE NINON

Ninon se rend en train chez sa grand-mère. Pour pouvoir profiter du paysage, la petite fille s'est assise dans le sens de la marche. Au moment où le train entre en gare, il est dix-huit heures et un superbe arc-en-ciel se dessine dans le ciel.

## QUESTION

Le train qu'a pris Ninon voyage-t-il vers le nord, le sud, l'est ou l'ouest ?

40

# NORBERT CAROTTE FÊTE PÂQUES

Norbert Carotte aime beaucoup les fêtes de Pâques. Cette année encore, il a acheté des œufs en chocolat pour tous ses amis. Pour Jeanne, ce sera un énorme œuf décoré. En secret, Norbert le transporte dans la forêt jusqu'à la cachette où Jeanne devra le trouver. Mais un autre animal l'observe…

QUESTION

Quel animal est caché dans l'image ?

41

# BAS LES MAINS, PEAU DE LAPIN

C'est jour de chance pour le gibier. Augustin Miro a oublié ses lunettes chez lui et, même armé de jumelles, il ne voit pas un lapin venir ! D'ailleurs, un autre animal n'a pas peur du chasseur. L'as-tu aperçu ?

QUESTION

Quel animal joue à cache-cache avec le chasseur ?

42

# LE POULAILLER DÉPOUILLÉ

Les poules ont caqueté jusque tard dans la nuit et, ce matin, elles font la grasse matinée. Les lapins en profitent pour faire leur marché ! En faisant la chaîne, ils dérobent les œufs. Quel délicieux petit-déjeuner ils vont pouvoir faire ! Mais un animal a tout vu depuis sa cachette…

QUESTION

Quel animal assiste à la scène ?

43

# PETIT POULAIN DEVIENDRA GRAND

Comme chaque année, Hélène, Loïc, Virginie et Laurent passent les vacances d'été chez leurs grands-parents, à la campagne. Cet après-midi, les enfants vont voir les chevaux du voisin. Tornade et Écume, les deux juments, ont eu chacune un petit poulain.
En regardant bien les bêtes, Hélène s'aperçoit qu'il y a là quelque chose d'anormal...

QUESTION

Qu'est-ce qui te paraît anormal dans cette image ?

44

# PIQUE-NIQUE AU GRAND AIR

Pendant le week-end de Pâques, Julie et Simon ont fait un grand tour à vélo avec leurs parents. Après le pique-nique au bord du ruisseau, les deux enfants grimpent dans l'affût de chasse et observent leur père qui est justement en train de cacher les œufs en chocolat.
Observe attentivement la scène et tu remarqueras que trois détails indispensables ont disparu. Tu les retrouveras parmi les vignettes représentées sous l'image. En combinant les syllabes de ces trois cases, tu découvriras alors le nom d'un objet que les enfants ont vu avec leurs jumelles.

## QUESTION

Qu'ont aperçu Julie et Simon ?

CHO
LLE
TO
ME
TE
UN
GIR
ER
POUR
EN
TION
PRÉ
VI
OUE
EC
DIR
TTE
MAI

45

# OMELETTE À HAUTS RISQUES

Justin et Annabelle ramassent des champignons pour une omelette. Heureusement, ils s'y connaissent et savent différencier les champignons comestibles de ceux qui sont vénéneux.
Grâce à l'image ci-dessous, tu peux toi aussi les reconnaître. Suis le chemin des deux enfants sans sauter par-dessus les barrières. En même temps, regarde bien les champignons et relève dans l'ordre les lettres qui figurent sur les champignons comestibles. Tu trouveras alors le nom des champignons que Justin et Annabelle ont ramassés.
Si tu refais ensuite le même chemin en notant cette fois les lettres qui figurent sur les champignons vénéneux, tu trouveras le nom des champignons que les enfants ont soigneusement évités.
Remarque : un champignon qui ne comporte pas de lettre indique le début d'un nouveau mot.

## QUESTION

Quelles sont les deux sortes de champignons ?

46

# LES DEUX FONT LA PAIRE

Paul, le gardien de phare, est de garde toute la journée. Pendant ce temps, son fils Damien joue avec le train électrique qu'il a installé tout autour du phare.
Regarde bien le dessin. Cinq des cases ont des sœurs jumelles : elles sont parfaitement identiques à d'autres cases du dessin. Mais la comparaison n'est pas si facile, puisque les cases identiques ne se trouvent pas toujours dans le même sens. Pour t'aider, tu peux éventuellement décalquer le dessin.

## QUESTION

Quelles sont les cases identiques ?

A
B
C
D
E
F
1
2
3
4
5
6
7
NEPTUNE

47

# LE TOUR DE LA TERRE DE TONTON

Tom est ravi. Son oncle Constantin Malle est enfin rentré de voyage. Après avoir fait le tour du monde, il va enfin pouvoir lui raconter tout ce qu'il a vu ! Constantin s'apprête à lui montrer sur une carte les différentes étapes de son périple, mais Tom l'arrête :
– En regardant les autocollants de ta valise, je vois déjà tout le déroulement de ton voyage, depuis l'aéroport de départ jusqu'à ta dernière étape !

QUESTION

Quelles sont dans l'ordre les étapes du voyage de Constantin ?

## 48

# ALICE LA MALICE

La petite Alice fait tourner toute sa famille en bourrique. Elle a toujours une bêtise en tête. Aujourd'hui, son grand cousin Théodore est venu passer l'après-midi à la maison. Mais il ne veut pas jouer avec elle, il doit parler avec les grandes personnes. Fâchée, Alice tire de toutes ses forces sur le tapis et fait tomber son cousin.
Regarde bien la scène : elle contient une invraisemblance.

QUESTION

Qu'est-ce qui est invraisemblable dans cette image ?

49

# LE NŒUD DE L'AFFAIRE

Aujourd'hui, c'est jour de dictée. Les élèves écrivent, penchés sur leur cahier. Ils ne remarquent pas que quelque chose n'est pas normal. Regarde attentivement l'image. As-tu découvert ce qui ne va pas ?

QUESTION

Quelle erreur a commise le dessinateur ?

50

# LE CRIME N'ÉTAIT PAS PARFAIT

En entrant dans la classe, M. Rodier, le professeur d'anglais – que tout le monde a surnommé "Mister" –, découvre son portrait au tableau et, à côté, l'empreinte d'une main. En s'appuyant sur le tableau pour dessiner, le caricaturiste a sans doute laissé sa signature sans le vouloir...

QUESTION

Quel est l'élève qui s'est permis de caricaturer le professeur ?

51

# QUAND LE DANGER RÔDE...

Pendant les vacances, Oscar garde les oies de la ferme. Mais aujourd'hui, il est tellement absorbé par son livre qu'il ne remarque pas le danger qui guette son troupeau. Son chien a flairé quelque chose !

QUESTION

Qui menace les oies ?

52

# LES VALISES SONT BOUCLÉES !

Sur le quai de la gare d'Avignon, plusieurs voyageurs attendent le train en direction de Marseille. De l'autre côté, celui à destination de Valence est déjà à quai.
Regarde bien l'image. Il y a là quelque chose de bizarre…

—QUESTION—

Où est l'erreur ?

53

# LE GRAND TOURNANT

Le train roule à bonne allure sur la voie sinueuse. “Nous serons bientôt arrivés”, pense Mme Mésange en caressant les cinq chiots qu'elle apporte à ses petits-enfants. Dans le même wagon, en face d'elle, un voyageur est plongé dans la lecture de son journal. Il ne lève même pas le nez quand le train entre dans le tunnel.

Regarde bien l'image. Il y a là quelque chose d'anormal…

—QUESTION—

Où est l'erreur ?

54

# LE CHEVALIER BARBU RENTRE FOURBU

Nous sommes au Moyen Âge, dans le nord de la France. Le célèbre chevalier barbu rentre de croisade. Le voilà bientôt arrivé chez lui. Il aperçoit déjà la forteresse des Faucons. Dans peu de temps, il retrouvera les siens et recevra les honneurs de tous – c'est du moins ce qu'il espère.
En représentant cette scène historique, le dessinateur a voulu nous jouer un tour. Observe attentivement l'image et tu trouveras un détail qui n'existait pas à cette époque.

QUESTION

Quel est le détail insolite dans l'illustration ?

. . . . . . . . . . . . . . . . . . . . . . . . . . . . . . . . . . . . . . . . . . . . . . . . . . . . . . . . . . . . . . . . .

Les Faucons
2 km

55

# CHASSES AU TRÉSOR

Louise et ses amis passent leurs vacances d'été à la ferme. Le dernier jour, la fermière a organisé une chasse au trésor. Les enfants doivent retrouver les six fers à cheval qu'elle a cachés. Chacun des participants, même le chien Carbone, pourra ainsi rapporter un porte-bonheur chez lui. À toi de les aider !

Quand tu auras trouvé les six porte-bonheur, tu pourras participer à une autre chasse au trésor. Pour cela, divise l'image en plusieurs cases en traçant des lignes verticales et horizontales au niveau des tirets. Chacune des cases dans lesquelles se trouve un fer à cheval te donne deux indications : une lettre (à lire sur l'axe horizontal) et un chiffre (à lire sur l'axe vertical). Le chiffre t'indique la place de la lettre dans le mot mystère.

En remettant les lettres dans l'ordre, tu trouveras l'un des trésors dérobé à la ferme par quelqu'un qui aime tout ce qui brille.

| | | | | | |
|---|---|---|---|---|---|
| | | | | | |

QUESTION

Quel objet a été dérobé et par qui ?

1842
1
2
3
4
5
6
O
R
N
E
T
M

56

# AU FIL DE L'EAU

Chargé de promeneurs, le bateau à vapeur remonte le cours du fleuve. Les passagers ouvrent grands leurs yeux pour ne rien rater de cette région idyllique. Pourtant, personne ne remarque l'animal caché dans le paysage.
Tu l'as trouvé ?

## QUESTION

Quel est l'animal qui joue à cache-cache ?

HOTEL

57

# PROMENONS-NOUS DANS LES BOIS

Judith et ses amis font une promenade dans les bois. En chemin, ils découvrent des détritus qui ne devraient pas se trouver là. Sauras-tu toi aussi les repérer ?
Divise ensuite l'image en plusieurs cases en traçant des lignes verticales et horizontales au niveau des tirets. Chacune des cases dans lesquelles se trouvent des détritus te fournit deux indications : une lettre (à lire sur l'axe vertical) et un chiffre (à lire sur l'axe horizontal). Le chiffre t'indique la place de la lettre dans le mot mystère. En remettant les lettres dans l'ordre, tu trouveras le nom de ce qu'il nous faut absolument préserver.

| | | | | |
|---|---|---|---|---|
| | | | | |

QUESTION

Quel est le mot mystère ?

G
T
E
R
U
R
E
1
2
3
4
5

58

# UNE ARAIGNÉE AU PLAFOND

Eugène et son père aiment tous les deux les objets anciens. Cet après-midi, en se promenant, ils ont découvert un brocanteur qu'ils ne connaissaient pas encore. Ensemble, ils admirent la boutique qui regorge de trésors d'autrefois. Mais quelque chose ne tourne pas rond dans l'image.

—QUESTION—

Où est l'erreur ?

59

# UN CHIEN DANS UN MAGASIN DE PORCELAINE

M. Mayence est propriétaire d'un magasin de porcelaine fine. Il a décidé d'adopter un chien qui gardera le magasin. Dans le refuge pour animaux, on lui propose trois gros chiens. Mais un seul lui convient.

QUESTION

Quel est le chien que M. Mayence va adopter ?

60

# EXCURSION SUR LA CÔTE

La classe de Mme Bésicles fait aujourd'hui une excursion sur la côte, là où le fleuve se jette dans la mer. C'est la marée. L'institutrice demande à ses élèves si la mer est en train de monter ou de se retirer.

QUESTION

Quel est l'élément qui permet de répondre à la question de Mme Bésicles ?

.....................................................................................

61

# UN BARRAGE HORS NORME

À première vue, cet imposant barrage dans la montagne semble être un ouvrage parfaitement bien construit. En réalité, il ne pourrait exister tel qu'il est représenté ici. Sauras-tu reconnaître l'erreur qui s'est glissée dans l'image ?

QUESTION

Pourquoi ce barrage est-il mal construit ?

62

# ÉLÉMENTAIRE, MON CHER PIERRE

Pierre et son ami Léo regardent le fermier labourer son champ.
– Il n'y a pas longtemps, déclare Pierre, ce champ était un pré où vivaient des vaches ou des chevaux.
Léo réfléchit un instant avant de répondre :
– Bien sûr, c'est évident !

QUESTION

Comment les deux amis sont-ils arrivés à cette conclusion ?

63

# UN BÛCHERON SACHANT BÛCHER

Barnabé Dutronc, le bûcheron, doit couper du bois de chauffage avant l'hiver. Le voilà en pleine action. À ton avis, son travail a-t-il bien avancé ?

QUESTION

Combien d'arbres pourront être abattus ?

64

# RUE DE L'IMPROBABLE

Clara est allée chercher du pain avec son chien Mastoc. Sur le chemin du retour, elle rencontre par hasard son amie Noémie qui emmène sa petite sœur au square. Les deux amies restent un moment à discuter. Pendant ce temps, une chose invraisemblable se produit…

QUESTION

Que se passe-t-il d'anormal dans cette scène ?

65

# VIRAGE DANGEREUX

Tous les jeudis soir, Colin se rend à vélo chez son professeur de musique. Avant de tourner, il tend le bras à droite pour signaler aux autres usagers qu'il change de direction. Pourtant, même en respectant bien le code de la route, Colin prend des risques, car une erreur s'est glissée dans l'image.

## QUESTION

As-tu trouvé l'erreur ?

66

# CRIME ÉCOLOGIQUE

Avec ses élèves, M. Nimbus, le professeur de sciences naturelles, a décidé de nettoyer les bords du ruisseau, souillés par les pollueurs. Les enfants rassemblent les ordures que leur professeur entasse ensuite à l'arrière du camion.

Chaque tas d'ordures est signalé par une lettre. Remets les lettres dans l'ordre pour obtenir un nouveau mot. Tu sauras alors ce que la nature dit aux enfants !

## QUESTION

Quel est le mot mystère ?

R
C
I
M
E

67

# UNE AFFAIRE DIFFICILE À DÉMÊLER

Pour leur anniversaire, Victor et Véra ont chacun reçu un cheval en cadeau. Leur père a noué une corde au cou de chaque animal et donné les autres extrémités aux enfants. Victor et Véra sont ravis, mais ils aimeraient bien savoir quel est le cheval qui leur revient.

QUESTION

Sauras-tu démêler cette affaire ?

68

# LE PIÈGE DU COLIMAÇON

L'ennemi est entré dans la forteresse des Lys. Les assaillants sont déjà arrivés jusqu'à l'escalier en colimaçon. Les marches de celui-ci sont ordonnées de bas en haut dans le sens des aiguilles d'une montre. Les assaillants ne sont pas à leur avantage...

QUESTION

Pourquoi l'attaque s'avère difficile ?

# PANIQUE DANS L'ATELIER DU PÈRE NOËL

Le père Noël a apporté aux lutins dix lettres que les enfants lui ont envoyées. Elles sont arrivées au dernier moment et les lutins doivent se dépêcher s'ils veulent terminer tous les cadeaux avant le 24 décembre. Quelle agitation ! Les lutins préparent en hâte les dix cadeaux commandés.

QUESTION

Qu'avaient commandé les enfants au père Noël ?

VIS
ROUGE
FORGE
COLLE
Modèle
Atelier secret
Dépose ici ta lettre au père Noël

70

# BONHOMME DE NEIGE CHERCHE ÂME SŒUR

Marie, Vincent et David sont ravis : une épaisse couche de neige est tombée pendant la nuit. Dans le jardin enneigé, ils ont fait un grand bonhomme de neige. Mais celui-ci voudrait bien avoir de la compagnie. David roule une grande bande de neige pour faire un deuxième bonhomme, comme on le voit sur l'illustration. Mais le dessinateur qui a représenté la scène s'est montré bien distrait…

QUESTION

Qu'est-ce qui te semble bizarre ici ?

71

# UNE PARTIE PIPÉE

Rodolphe et ses compagnons chevaliers profitent d'une étape pour jouer aux dés. Ils ont l'air de bien s'amuser. Pourtant, en regardant bien l'image, tu verras qu'une erreur s'y est glissée.

—QUESTION—

Où est l'erreur ?

72

# LE CERCEAU ENSORCELÉ

Cet après-midi, Martial joue avec son cerceau dans la rue des Moulins. Sur le trottoir d'en face, l'agent de police regarde d'un air inquiet le petit garçon imprudent.
– Pourvu que le cerceau n'aille pas sur la route ! marmonne-t-il.
Mais peut-être devrait-il mettre ses lunettes pour bien observer la scène...

## QUESTION

Le policier a-t-il raison de s'inquiéter ?

73

# UN FRAGMENT TROMPEUR

Ce fragment d'amphore représente une scène de la Rome antique. Le professeur Théophile Bonsens l'observe avec attention et découvre une erreur. Il est à présent certain que ce fragment n'est pas authentique ou, du moins, qu'il ne date pas de l'Antiquité.

QUESTION

Comment le professeur peut-il être si sûr de lui ?

74

# COUP DE CHAPEAU !

Quel exploit ! Le grand magicien Pasolino a fait sortir 33 lapins blancs de son haut-de-forme. Mais à la fin du spectacle, il ne retrouve que 32 petits rongeurs.

QUESTION

Où est le lapin disparu ?

. . . . . . . . . . . . . . . . . . . . . . . . . . . . . .

SPECTACLE
Pasolino
LE GRAND
MAGICIEN
encre
vinaigre
1000 mystères
poudre de PERLIMPINPIN
ABRA-CADABRA
confidentiel

75

# SINGERIES !

Ce matin, quand le gardien du zoo s'approche de la cage des singes pour les nourrir, il trouve la porte grande ouverte. Les petits malins ont dû s'échapper pendant la nuit.
Comment le gardien va-t-il pouvoir les retrouver ? D'autant plus qu'il ne sait même pas combien de singes étaient dans la cage…

**QUESTION**

Combien de singes se sont cachés dans le zoo ?

Le paradis des singes
PAP
NE PAS NOURRIR LES ANIMAUX
vers L'AQUARIUM
CASTOR

# SOLUTIONS

**1. Qui veut jouer à cache-cache ?**
Un éléphant. Il est caché en bas, à droite de l'image, la tête en bas.
**2. Bonne nuit tout le monde !**
1. moutons, 2. écureuil (dans les branches du pin), 3. étourneaux (oiseaux noirs perchés sur le toit), 4. chien, 5. chevaux, 6. pigeons, 7. cochons, 8. poules, 9. pivert (dans l'autre arbre), 10. renard.
**3. Balade gourmande**
1. clown, 2. chat, 3. oie, 4. canard, 5. œuf, 6. lapin, 7. ballon, 8. tasse, 9. seau, 10. parapluie, 11. nid, 12. brebis. La famille a visité une chocolaterie et sans doute acheté des chocolats.
**4. L'heure du goûter**
Plutôt que de les gronder, le voisin propose aux enfants de faire ensemble un clafoutis pour le goûter.
**5. Têtes en l'air**
Les personnes photographiées se trouvent aux numéros 32, 41 et 27.
**6. Des toutous partout**
Patachon est le chien qui se trouve près de l'arbre et aboie après le chat.
**7. Avis de recherche**
Théo est caché derrière le bonhomme de neige.
**8. Le perroquet échappé**
Réponse : Anne Mélan – Un, passage Napoléon.
**9. Conversation sans fin**
Le fil du téléphone est sectionné !
**10. Un voleur dans le potager**
Le voleur a dérobé un collier de perles qu'il a caché à l'intérieur d'une courge.
**11. Un panier plein comme un œuf**
Anaïs n'a pas déposé le panier sur une pierre, mais sur la carapace d'une tortue ! Celle-ci se promène maintenant en bas, à droite de l'image.
**12. L'envers du décor**
L'éolienne qui se trouve derrière le moulin devrait être fixée au toit. Grâce à un engrenage caché à l'intérieur du toit, c'est elle qui fait tourner les ailes du moulin. Elle doit donc pouvoir être reliée directement à celles-ci.

**13. Chacun cherche son chat**

Branche, bûche, chaîne, chapeau, charnière, charrette, chat, chaume, chemin, cheminée, chemisier, chêne, cheval, chien, chignon, chou, cochon, échelle, hache, maraîcher, marche, nichoir, torchon.

**14. Capharnaüm carnavalesque**

1. par terre, en bas, à gauche ; 2. à droite du gramophone ; 3. sous la pancarte "Boissons fraîches" ; 4. à droite du zèbre ; 5. sous la chaise sur laquelle est montée une invitée ; 6. près de l'homme qui porte un chapeau melon ; 7. sous la jeune fille déguisée en chat ; 8. au-dessus de la pancarte "Boissons fraîches" ; 9. sur une marche d'escalier, à hauteur de la corbeille de fruits ; 10. à gauche de la pancarte "Coin des gourmands" ; 11. devant le rideau ; 12. près du zèbre ; 13. à droite, en dessous du gramophone

**15. Firmin prend le grand air**

Le phare de la voiture, la poignée de la portière, la plaque d'immatriculation, la trace des pneus, le chat, le nichoir à oiseaux, la porte de l'étable, les charnières de l'autre battant de porte, le sabot du cheval, le seau dans le puits.

**16. Un petit air de printemps**

La cigogne, le coucou, le serpent, les abeilles, le hérisson, le papillon, le lézard, la grenouille, le blaireau, l'araignée.

**17. Alexandre le grand !**

La photo du bas a été prise en premier. Sur la photo du haut, les bougies des lampions se sont consumées et les lampions se sont rétractés puisque le poids des bougies est moins élevé.

**18. Les secrets d'une vieille demeure**

La cachette se trouve dans la quatrième marche d'escalier. Félix y découvrira un collier de diamants.

**19. Chacun son chemin**

La voiture à deux chevaux vient de la ferme des Sapins, comme l'indique la bande d'herbe verte qui pousse au milieu du chemin. Les chevaux trottent à gauche et à droite de cette bande.

**20. Bons baisers des alpages**

Un cochon. Il se trouve juste au-dessus du chapeau de M. Bonpied.

**21. Du pareil au même**

La tasse, le canard, la botte, le cœur, la plante, la lettre A, l'étoile.

**22. Sur la plage d'Amstramgram**

Le canot du dessous paraît plus long, car il dépasse du côté droit. Mais le canot du dessus dépasse encore plus du côté gauche, ce que l'illusion d'optique empêche de remarquer. En mesurant la longueur des deux canots avec une règle, on constate que le canot le plus long est celui du dessus.

**23. Dans le port d'Amstramgram**

Un cheval ! Sa tête dépasse du chalutier au premier plan.

**24. 13, rue du sort**

Il est impossible de compter les marches. Cet escalier est une illusion d'optique.

**25. Partie de cartes**

Le joueur au chapeau tient ses cartes dans le mauvais sens. Il ne peut reconnaître distinctement que sa première carte. Comme on le voit dans la main du joueur qui lui fait face, les cartes sont différenciées dans le coin supérieur gauche et dans le coin inférieur droit. Pour pouvoir les reconnaître, il faut donc les tenir de manière à ce que tous les coins supérieurs gauches soient visibles.

**26. Jamais deux sans trois**

Le piano à queue n'est pas installé correctement. Le côté ouvert doit toujours être orienté vers la salle, afin que le couvercle de l'instrument renvoie le son en direction des spectateurs.

**27. Un éléphant, ça trompe énormément**

L'éléphant représenté ici est un éléphant d'Afrique, ses oreilles sont bien plus grandes que celles de l'éléphant d'Inde. Rémi Thomann n'est donc pas allé en Inde, et sa photographie est un montage.

**28. Bas les masques !**

1. chevalier, 2. singe, 3. chouette, 4. marin, 5. lion, 6. sirène, 7. âne, 8. cuisinier, 9. astronaute, 10. phare. C'est l'astronaute qui a remporté le prix du plus beau costume.

**29. Vous reprendrez bien une tasse de thé ?**

La cuillère qui porte les initiales BP est usée sur le côté droit. Elle a donc été utilisée par un gaucher. La dame qui porte des lunettes tient sa tasse de la main gauche : c'est Betty. La dame qui porte un chapeau est sa sœur Lisa, qui est droitière.

**30. Rien ne va plus !**
La date du calendrier, le verre de limonade, le gramophone, le cadran de l'horloge, le sapin, le fil du ballon, la poignée de porte, le robinet du tonneau, l'affiche, les écailles du poisson, la main de la petite fille, la prise de la lampe.
**31. L'école est finie !**
1. camion, 2. lanterne, 3. bretzel, 4. horloge, 5. bouteille, 6. poêle, 7. ancre, 8. lion, 9. trompette, 10. nez. L'institutrice s'apelle Marguerite.
**32. Terre !**
Le cordage qu'on aperçoit sur le plancher est tressé vers la droite sur une moitié et vers la gauche sur l'autre moitié. Les traits devraient être orientés dans le même sens.
**33. Avis de tempête !**
L'horloge à balancier. Comme le bateau tangue avec les vagues, elle ne peut pas fonctionner à bord.
**34. Extinction des feux**
Antiquaire, librairie, tailleur, bar, jouets, café internet, cordonnier, papeterie, gaufres.
**35. Des lumières dans la nuit**
1L, 2A, 3M, 4P, 5A, 6D, 7A, 8I, 9R, 10E – lampadaire.
**36. Silence dans la salle !**
Un lanceur de couteaux tient toujours le couteau par la pointe de la lame. Comme le manche est plus lourd que la lame, le couteau a ainsi plus d'élan et le lanceur peut mieux viser.
**37. Charlie radoteur**
Non. Il s'est coincé le bec entre les barreaux de sa cage.
**38. Histoire louche**
La chouette ne peut pas bouger ses pupilles. Pour pouvoir repérer sa proie dans l'obscurité, elle est obligée de tourner rapidement la tête d'un côté et de l'autre. Son angle de vision peut ainsi atteindre jusqu'à 270 degrés.
**39. Le voyage de Ninon**
Un arc-en-ciel se trouve toujours face au soleil. À dix-huit heures, le soleil est à l'ouest, vers l'endroit où il se couche. Par conséquent, l'arc-en-ciel se trouve à l'est, et le train de Ninon roule vers le sud.
**40. Norbert Carotte fête Pâques**
Un mouton, en bas à droite de l'image.

**41. Bas les mains, peau de lapin**
Une poule, derrière le chasseur.
**42. Le poulailler dépouillé**
Un lézard, à l'envers sur la branche basse de l'arbre.
**43. Petit poulain deviendra grand**
Les poulains des juments blanches naissent avec un pelage foncé ou gris. Ce n'est qu'au cours des années qu'ils deviennent blancs.
**44. Pique-nique au grand air**
Les éléments manquants étaient : les ailes du moulin, la roue d'un vélo, le nid. Ils ont aperçu une girouette.
**45. Omelette à hauts risques**
Vénéneux : amanite tue-mouche ; comestible : nonette voilée.
**46. Les deux font la paire**
1A-1D ; 2E-5F ; 3A-4B ; 3D-6E ; 4F-5A.
**47. Le tour de la Terre de tonton**
Constantin est parti de Lyon, puis il a visité Berlin, Rome, Athènes, Le Caire, Téhéran, Bombay, Tokyo, Sidney, New York, Londres, Paris, Bruxelles et enfin Oslo.
**48. Alice la malice**
Selon les lois de l'inertie, l'oncle d'Alice devrait tomber en avant, et non en arrière.
**49. Le nœud de l'affaire**
Les raies sur la cravate du professeur. Quand la cravate est nouée, les raies qui se trouvent sur le nœud sont orientées dans le sens opposé à celui des raies qui se trouvent sur le reste de la cravate.
**50. Le crime n'était pas parfait**
Le coupable s'est appuyé au tableau de la main droite. Par conséquent, il écrit et dessine de la main gauche. Seule Barbara a donc pu faire ce dessin. C'est la seule gauchère de la classe, elle est assise au troisième rang, à gauche.
**51. Quand le danger rôde…**
Un renard. Il est caché entre le chien et les oies, la tête en bas.
**52. Les valises sont bouclées !**
La boucle de la sangle qui serre la valise est mal représentée. Lorsque la sangle est serrée (comme ici), l'ardillon de la boucle (c'est-à-dire la pointe qui s'engage dans un trou) devrait être orienté vers le haut. On le voit également sur les boucles de l'imperméable du voyageur, qui sont représentées correctement.

**53. Le grand tournant**

Les arêtes verticales du train sont ici parallèles au pylône. Or, dans un virage, les wagons sont légèrement penchés, car le rail extérieur de la voie est plus haut que le rail intérieur, afin de compenser la force centrifuge. Les arêtes verticales du train ne devraient donc pas être parallèles au pylône.

**54. Le chevalier barbu rentre fourbu**

L'indication des kilomètres sur les pancartes toponymiques n'est entrée en vigueur qu'au XIXe siècle !

**55. Chasses au trésor**

Une montre. Elle a été volée par une pie qui se trouve dans l'arbre situé derrière la maison (première ligne, troisième colonne).

**56. Au fil de l'eau**

Un papillon. Il est caché à droite, juste sous la tête du train.

**57. Promenons-nous dans les bois**

(La) Terre.

**58. Une araignée au plafond**

La représentation de la toile d'araignée est incorrecte. Après avoir tissé les premiers fils en étoile, l'araignée ne tisse pas des cercles concentriques, mais une spirale.

**59. Un chien dans un magasin de porcelaine**

M. Mayence prendra certainement le boxer (à droite), car c'est le seul à avoir la queue courte. Il ne risque donc pas de casser la porcelaine en agitant la queue.

**60. Excursion sur la côte**

En observant le petit bateau amarré, on peut voir le sens du courant. L'eau de la mer entre dans l'embouchure du fleuve. L'excursion a donc lieu au moment de la marée montante.

**61. Un barrage hors norme**

Le barrage ne devrait pas être convexe (gonflé vers l'extérieur), mais concave (rentré vers l'intérieur). Pour résister à la pression de la masse d'eau qu'il retient, l'arc en béton armé d'un barrage est toujours orienté vers le lac de retenue.

**62. Élémentaire, mon cher Pierre**

La forme des arbres permet de deviner que des animaux ont passé du temps dans ce pré. Toutes les feuilles du bas ont en effet disparu : les animaux enfermés dans l'enclos les ont mangées !

**63. Un bûcheron sachant bûcher**
Aucun. Ces arbres sont une illusion d'optique.
**64. Rue de l'improbable**
L'enjoliveur de la voiture est bombé. Dans ce drôle de miroir, le reflet du chien devrait être plus petit et non plus grand.
**65. Virage dangereux**
Sur cette image, le phare du vélo est monté sur le cadre et non sur le guidon. Dans ce cas, il n'éclaire pas la route dans les virages.
**66. Crime écologique**
Merci. C'est une anagramme du mot "crime".
**67. Une affaire difficile à démêler**
Chacune des cordes est tressée dans un sens différent. En suivant le sens des torsades, on voit que le cheval blanc est pour le petit garçon et le cheval noir pour la petite fille.
**68. Le piège du colimaçon**
La construction présente des avantages en cas d'attaque. Les gardes qui défendent le bâtiment peuvent repousser les assaillants en maniant l'épée de la main droite, et ce, tout en étant protégés par le pilier central. Les assaillants, en revanche, sont gênés par le pilier central, à moins de manier l'épée de la main gauche.
**69. Panique dans l'atelier du père Noël**
Une luge, une maison de poupées, une trottinette, une voiture, un landeau de poupée, un cheval à bascule, un petit train, un ballon de football, un avion, une poupée.
**70. Bonhomme de neige cherche âme sœur**
La spirale dessinée au bord de la bande de neige que David enroule est dans le mauvais sens. Sur ce dessin, on dirait que David déroule la bande.
**71. Une partie pipée**
Les points des dés sont mal représentés. Sur un dé, les deux faces opposées donnent toujours un total de sept : le un se trouve face au six, le deux face au cinq, etc.
**72. Le cerceau ensorcelé**
Non, il s'agit d'une illusion d'optique. Tel qu'il est représenté, le cerceau ne peut pas rouler. Aucun risque donc qu'il aille sur la route.

**73. Un fragment trompeur**
Dans le vase qui trône sur la colonne se trouve un bouquet de tulipes d'ornement qui n'existaient pas à l'époque de la Rome antique.
**74. Coup de chapeau !**
Le lapin – devenu tout noir après son passage dans le pot d'encre – est caché sous le livre de magie, en bas, près de la chaise.
**75. Singeries !**
Dix-sept singes.

Reproduit et achevé d'imprimer
en septembre 2011
par l'imprimerie Qualibris-Hérissey à Évreux (Eure)
pour le compte des éditions
ACTES SUD
Le Méjan
Place Nina-Berberova
13200 Arles

Dépôt légal
1re édition : juin 2008
N° impression : 117302
*(Imprimé en France)*